bilbo

Collection dirigée par
Stéphanie Durand

De la même autrice chez Québec Amérique

Les Aventures d'un biscuit 2 – À la recherche d'Avoine, coll. Petit Poucet, 2020.
Les Aventures d'un biscuit, coll. Petit Poucet, 2015.

Le Chapeau de fruits

Projet dirigé par Stéphanie Durand, éditrice

Conception graphique et mise en pages : Nathalie Caron
Révision linguistique : Sabrina Raymond et Myriam Groulx
Illustrations : Amélie Stardust

Québec Amérique
7240, rue Saint-Hubert
Montréal (Québec) Canada H2R 2N1
Téléphone : 514 499-3000, télécopieur : 514 499-3010

Nous reconnaissons l'aide financière du gouvernement du Canada.

Nous remercions le Conseil des arts du Canada de son soutien.
We acknowledge the support of the Canada Council for the Arts.

Nous tenons également à remercier la SODEC pour son appui financier.
Gouvernement du Québec – Programme de crédit d'impôt pour l'édition de livres – Gestion SODEC.

Canada | Conseil des arts du Canada | Canada Council for the Arts | SODEC Québec

Catalogage avant publication de Bibliothèque et Archives nationales du Québec et Bibliothèque et Archives Canada

Titre : Le chapeau de fruits / Amélie Stardust.
Noms : Stardust, Amélie, auteur, illustrateur.
Collections : Bilbo jeunesse.
Description : Mention de collection : Bilbo
Identifiants : Canadiana (livre imprimé) 20210051329 | Canadiana (livre numérique) 20210051337 | ISBN 9782764444160 | ISBN 9782764444177 (PDF) | ISBN 9782764444184 (EPUB)
Classification : LCC PS8603.O9224 C43 2021 | CDD jC843/.6—dc23

Dépôt légal, Bibliothèque et Archives nationales du Québec, 2021
Dépôt légal, Bibliothèque et Archives du Canada, 2021

quebec-amerique.com

Imprimé au Canada

Texte et illustrations
AMÉLIE STARDUST

Le Chapeau de fruits

Québec Amérique

*À tous ces films d'horreur qui m'ont
fait peur durant mon enfance:
c'est à mon tour maintenant!*

Rosalie n'assista pas à la victoire de sa sœur. Elle ne vit pas Anisha prendre une bouchée de salade de fruits en écoutant humblement les compliments de ses professeurs. Pour la quatrième année de suite, Anisha avait remporté le premier prix de la foire scientifique de l'école.

— Comment fais-tu pour inventer toutes ces belles choses ?

— Tes parents doivent être tellement fiers de toi !

— Tu seras sûrement une célèbre scientifique ! On lira ton nom dans les livres d'histoire !

Anisha rougit et se concentra plutôt sur sa collation. Pendant un moment, elle put voir le reflet de son visage dans un gros raisin bien juteux. Elle se sentit mal à l'aise, la chair de poule lui parcourant les bras, et elle s'empressa de croquer le fruit.

— Tout va bien, Anisha ?

— Oui... je crois que j'ai eu assez de fruits pour aujourd'hui... Et même pour la semaine !

Tous les élèves et professeurs autour d'elle éclatèrent de rire. Tous... sauf Rosalie, bien sûr.

Chapitre 1

Rosalie ouvre les yeux pour découvrir un visage souriant qui lui est familier.

— Rosalie ! Réveille-toi ! C'est le grand jour !

La fillette enfonce d'abord la tête sous son oreiller, puis met quelques secondes pour sortir de sous les draps. Anisha, sa sœur aînée, est de très bonne humeur aujourd'hui. Elle a de quoi l'être! Chaque année, leur école primaire organise une grande foire scientifique et Anisha réussit toujours à remporter la première place. Les deux sœurs sont aussi différentes physiquement que dans leurs aptitudes. Rosalie est petite, timide, porte ses cheveux plaqués en tresses serrées sur son crâne et ses yeux sont ronds et bruns. Anisha, quant à elle, est grande, fière, laisse tomber librement ses cheveux jusqu'au bas de son dos et est capable de soutenir le regard de n'importe qui (même des

professeurs !). La plus jeune admire énormément son aînée. Elle a redoublé d'efforts pour son propre projet scientifique, non pas pour gagner un prix, mais pour impressionner Anisha.

Rosalie présente un kiosque sur l'alimentation et a fabriqué un chapeau de fruits pour l'accompagner. Elle a collé et verni de vrais fruits et ça lui a pris un temps fou ! De son côté, Anisha a été discrète à propos de son projet et le garde secret. Bien entendu, ce mystère rend Rosalie complètement folle et elle a passé une partie de la nuit précédente à essayer de trouver un indice à propos du projet de sa sœur dans la chambre à coucher qu'elles partagent. C'est d'ailleurs à cause de ces fouilles nocturnes que la jeune élève est épuisée ce matin.

— Dépêche-toi Rosalie ! Je ne veux pas que nous soyons en retard !

Rosalie enfile sa plus belle salopette jaune et ses souliers lumineux. Elle est tellement perdue dans ses pensées qu'elle a oublié de se brosser les dents ! Étrangement, elle ne trouve pas sa brosse à dents dans la salle de bain.

— Anisha ? As-tu vu ma brosse à dents ? Je devrais demander à nos papas… peut-être ?

— NON ! C'est OK, fais juste en prendre une neuve. Tiens, prends celle-là.

— Ah… D'accord.

C'est bizarre quand même que Anisha ne veuille pas qu'elle demande à leurs pères. Rosalie oublie rapidement cet échange dans la salle de bain et les deux jeunes filles se mettent en route vers l'école. L'École primaire supérieure de technologie et sciences appliquées est, comme son nom complexe le laisse deviner, destinée aux enfants surdoués. Les inventions des

élèves lors de la foire scientifique défient chaque année les limites entre la science et la magie. Du moins, aux yeux de Rosalie. Cette dernière n'est pas exactement brillante ou surdouée. Elle ne comprend pas pourquoi elle a été acceptée dans cette école. Elle se doute que l'excellence de sa sœur aînée a joué dans la balance. Elle est bien déterminée à impressionner sa classe et ses enseignants aujourd'hui avec son beau gros chapeau de fruits. Rosalie répète les points saillants de sa présentation orale sur le chemin vers l'école. Elle a un moment de panique lorsqu'elle se rend compte qu'elle inverse presque toujours les pourcentages des bienfaits d'une alimentation végétale avec ceux d'un régime omnivore. Heureusement, le visage souriant et les encouragements d'Anisha la rassurent. Comme sa sœur est bonne avec elle ! Rosalie lui fait un énorme câlin avant d'entrer dans la cour de récréation pour la remercier de son soutien. C'est là que Rosalie remarque que son aînée n'a pas son sac à dos. Étrange !

— Dis, Anisha, vas-tu finalement me dire quel est ton projet scientifique ? Tu ne l'as pas apporté ?

— Ne t'inquiète pas, tu vas le découvrir bien vite ! Pendant la foire, comme les autres !

— C'est pas juste !

Anisha éclate de rire. À ce moment-là, Rosalie ne se doute pas que leurs deux projets sont étroitement reliés... pour le pire.

Chapitre 2

L'entrée de Rosalie dans la cour d'école ne passe pas inaperçue ! Loin de là ! Les élèves se séparent sur son chemin, lui envoient la main et pointent son chapeau de fruits en s'exclamant d'admiration. La petite fille n'en croit pas ses yeux. Elle se sent comme une célébrité. Balkiss, la responsable du journal étudiant, la prend même en photo ! Rosalie cherche sa sœur des yeux, mais elle a déjà disparu dans la foule. Un élève plus âgé qu'elle ne connaît pas lui demande son nom. Après quoi, ses amies et amis viennent l'enlacer et la féliciter. Pendant un instant, Rosalie ne les reconnaît pas tellement elle est excitée. Peut-être que d'avoir des étoiles dans les yeux peut réellement rendre aveugle ? En tout cas, elle ne s'est jamais sentie aussi bien.

— C'est toi qui as fait ce chapeau ? Tu le jures ? Tu ne l'as pas acheté au magasin ?

— Juré ! C'était diffici…

— J'aime trop ta salopette !

— Merci ! C'est ma préf…

— C'est l'ancienne salopette d'Anisha, n'est-ce pas ? Elle l'a portée l'année dernière à la foire scientifique !

— Oui ! Anisha est ma sœur !

— Ha ! Ha ! Vous ne vous ressemblez pas beaucoup pourtant !

— Mais vous avez toutes les deux de très beaux projets scientifiques !

— Qu… tu sais quel est son projet ?

— Euh... J'ai rien dit! Mais c'est certain que ce sera impressionnant! Bye!

La cloche de l'école se fait entendre. Il est temps d'aller en classe. Rosalie voit ses camarades se mettre en rangs. Chaque groupe a sa propre file. Pendant un moment, la fillette oublie auquel elle doit se joindre. Heureusement, l'un des élèves de son âge lui fait signe. Elle accourt, reconnaissante, et retrouve sa place dans le rang.

La première période de la journée défile à une lenteur de tortue. Rosalie reste discrète à son pupitre.

Elle ne comprend pas très bien la matière enseignée. Pourquoi des chiffres et des lettres ? Dans la même équation ? Est-ce des mathématiques ou du français ? Malheureusement pour elle, elle est appelée au tableau pour tenter de résoudre une équation d'algèbre. L'enseignante lui donne la craie et Rosalie pourrait jurer que l'adulte a un sourire moqueur aux lèvres. Ses petits yeux se remplissent d'eau. Les élèves dans la classe ont deux réactions bien distinctes lorsque Rosalie marmonne :

— C'est impossible... Je peux pas... Je sais pas...

La moitié de la classe se met à pouffer de rire et à se moquer. L'autre moitié prend pitié de la pauvre enfant et crie la réponse pour l'aider. La professeure reprend le contrôle de la classe.

— Essayons d'enseigner à Rosalie comment faire au lieu d'agir comme des singes, d'accord ? Qui peut expliquer à Rosalie ce qu'est un chiffre ?

Rosalie sent ses joues devenir brûlantes et son cœur battre très fort. Elle est tellement humiliée ! Bien sûr qu'elle sait ce qu'est un chiffre ou un nombre ! Elle baisse la tête et se met à pleurer.

— Oh désolée, Rosalie. Bien sûr que tu connais les chiffres.

— 1, 2, 3, 4… Je sais compter d'accord ! Je ne suis pas stupide !

C'est vous qui êtes trop intelligents pour des enfants ! 5, 6, 7… 7…

Rosalie a complètement oublié ce qui vient après le sept. L'enseignante lui donne un mouchoir et l'enfant retourne à sa place. Toute la joie qu'elle avait ressentie au début de la journée a disparu. Elle éponge ses yeux et son nez sans remarquer que le mouchoir est maintenant trempé de pulpe d'orange.

Chapitre 3

Rosalie est tellement contente quand la cloche sonne et annonce l'heure du dîner ! Les élèves de tous les niveaux dînent en même temps et elle a hâte de retrouver la présence réconfortante d'Anisha. Comme une vision de rêve, sa sœur est déjà installée à une table avec deux cabarets remplis de pizzas et de jus de fruits. L'aînée

a changé de vêtements et porte un tailleur. On aurait dit une version miniature d'une PDG de grande entreprise. Rosalie avec sa salopette et ses baskets se sent un peu gênée, mais elle est bien plus soulagée qu'autre chose de voir un visage amical. Autant l'attention qu'elle a reçue ce matin dans la cour de récréation l'avait réjouie, autant elle déteste maintenant les regards qui se fixent sur son chapeau de fruits. Elle a l'impression que l'admiration dans les regards des autres élèves s'est transformée en moquerie. La fillette tente de retirer son chapeau. D'ailleurs, elle se demande pourquoi elle ne l'a pas fait plus tôt.

— Aïe !

Le chapeau semble collé contre ses cheveux. Rosalie doit tirer extrêmement fort pour l'arracher à ses tresses. Anisha se penche vers elle pour l'aider.

— Je... Je pense que les fruits doivent avoir coulé. C'est tout collant.

Anisha observe le chapeau de fruits et le fait tourner entre ses mains. Elle observe ensuite les cheveux de sa petite sœur.

— Étrange... Il n'y a aucune trace de jus de fruits. Rien de collant.

— Hein ?

Effectivement, le chapeau est intact. Rosalie se sent tout à coup fiévreuse, la tête lui tourne et on dirait qu'elle est sur le point de perdre conscience. Anisha lui touche le bras et la secoue légèrement, visiblement inquiète.

— Tu devrais manger quelque chose. Il y a de la salade de fruits et du jus.

— Je pense que j'ai plutôt envie de manger la pizza…

Anisha lui tend quand même le carton de jus et Rosalie le vide en une seule inspiration. Elle frotte nerveusement son front. Elle sent bien qu'il est collant, pourtant.

Peut-être qu'Anisha n'a pas bien regardé ?

— Je n'ai pas du jus de fruits sur le front ? Tu es certaine ?

— Ton front est brûlant ! Tu devrais te reposer ce midi plutôt que d'aller jouer dehors.

— Non, non ! Je vais bien... Tout va comme sur des roulettes. Des roulettes super technologiques et super rapides ! As-tu entendu Mathis parler de son projet ? Ha ! Ha !...

— Ne change pas de sujet... Tu transpires. Tu vas être malade. Tu devrais vraiment...

— Je suis correcte ! J'ai seulement besoin de manger…

Anisha observe sa sœur attentivement avant de sortir un calepin sur lequel elle inscrit quelques notes. Rosalie déteste quand sa sœur gribouille dans son calepin. La petite décide de prendre une pointe de pizza et en dévore la moitié avant que son aînée ait le temps de s'en rendre compte. Anisha est sur le point de dire quelque chose, mais est interrompue par Balkiss, la journaliste étudiante, qui apparaît devant elles avec son appareil photo autour du cou.

L'attitude d'Anisha change complètement et elle retrouve son grand sourire de publicité de dentifrice.

— J'aimerais prendre une photo de vos projets !

— Volontiers !

— Mais Anisha...

La petite sœur se sent obligée de remettre son chapeau pour la photo.

— Merci les filles ! Anisha, je peux te voir en privé ? Pour une entrevue ?

— Ah… Euh… Rosalie, tu vas être correcte ?

— Oui, oui. Vas-y. C'est ta journée.

— Merci ! Je reviens rapidement !

Anisha s'éloigne avec Balkiss. Rosalie se retrouve seule et entame son repas. C'est à ce moment-là que les maux de ventre commencent. Elle se plie sur elle-même et sa bouche se remplit de salive sucrée. La pointe de pizza entre ses mains lui apparaît soudain comme la plus ignoble compote de navet. Elle n'a plus faim. Elle décide d'aller tout de suite dehors. De l'air frais... C'est sûrement tout ce dont elle a besoin pour se sentir mieux. Après tout, elle a eu un début de journée plutôt désagréable. Si seulement elle savait... Son cauchemar ne fait que commencer. Elle pousse les portes de l'école et se retrouve dans la cour de récréation. Tous les regards se tournent vers elle, les autres enfants cessent de crier et de jouer. Le silence et les regards… tout cela est suffisant pour mettre Rosalie très mal à l'aise. Son ventre gronde de nouveau. Elle a tellement chaud.

— Hé Rosalie ! Viens jouer !

Chapitre 4

Le moment de stupeur passé, Rosalie est invitée à jouer par des camarades de classe. Elle n'est pas encore convaincue de la bienveillance des autres enfants lorsqu'elle les rejoint sur le terrain, mais elle a vraiment besoin de se changer les idées. Étrangement, elle ne se rappelle pas avoir déjà joué une partie de ballon-chasseur auparavant. Des camarades de classe expliquent les règlements à la jeune fille et on constitue les équipes. Jouer fait momentanément oublier à Rosalie ses soucis de la journée. En fait, elle réussit même à attraper le ballon et à libérer presque tous les joueurs de son équipe. Elle prend rapidement confiance et va jusqu'à s'approcher très près de la ligne entre les deux équipes pour tenter d'attraper tous les ballons. Ses coéquipiers l'encouragent.

— Wow Rosalie ! Tu es certaine que c'est la première fois que tu joues ?

Et ses adversaires deviennent jaloux.

— Euh, c'est pas juste ! Rosalie devrait changer d'équipe toutes les cinq minutes !

Rosalie est bien fière d'elle-même ! Elle a beaucoup de plaisir ! La période du dîner tire à sa fin lorsqu'elle réussit à envoyer un lancer directement sur le dernier membre de l'équipe adverse. Malheureusement, c'est aussi à ce moment-là que la journée recommence à être catastrophique pour la fillette. Son adversaire ramasse le ballon au sol et son cri de dégoût étouffe les exclamations de joie de l'autre équipe.

— Beurk! Regardez!

Le caoutchouc bleu du ballon est aspergé de ce qui semble être de la confiture rose. Les enfants se tournent vers Rosalie.

— On peut voir tes mains?

— Mes mains sont normales... Laissez-moi... c'est pas de ma faute... Regardez vos propres mains!

Rosalie regarde ses mains. Quelle n'est pas sa surprise, ou plutôt son horreur, de découvrir qu'elles sont couvertes de gelée rose ! La même qui tache le ballon.

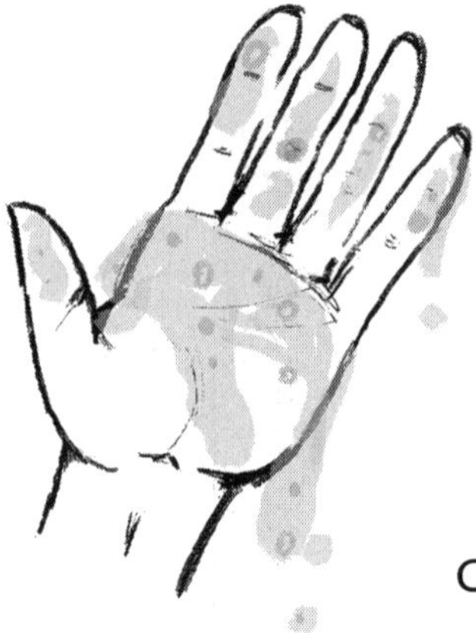

Rosalie laisse échapper un petit cri et s'essuie par réflexe sur sa salopette jaune, mais cela ne fait qu'épaissir la couche de gelée qu'elle a sur les paumes de ses mains. Les regards de ses camarades sont insupportables, ils se mettent même à chuchoter entre eux ! Les fruits de son chapeau ont sans doute coulé comme elle l'avait cru plus tôt et elle a sûrement touché à son chapeau sans s'en rendre compte. Peu importe la cause de cette étrangeté, Rosalie doit absolument s'enfuir, et vite. Elle en a assez qu'on se moque d'elle ! Elle court à l'intérieur de l'école à la recherche d'un lavabo. Elle est tellement énervée qu'elle n'arrive pas à en trouver. Après avoir parcouru ce qui semble être mille étages et escaliers, Rosalie trouve une salle de bain et s'engouffre dans une cabine. Elle peut enfin respirer. Ça ne se peut pas ! Elle se laisse tomber par terre et appuie sa tête contre la cuvette. Rosalie respire profondément à plusieurs reprises pour se donner du courage.

Sa vision s'embrouille alors qu'elle baisse les yeux vers ses doigts qui serrent ses genoux.

— AAAAAAAAAAAAAAAAAAAAA AAAAAAAAH !!!

Chapitre 5

Le cri de Rosalie fait écho dans la salle de bain vide. La condition de ses mains s'est grandement dégradée. Au lieu de transpirer de la confiture, elles ont pris une teinte rose et ses paumes sont affreusement gonflées. Cependant, ce qui a provoqué le hurlement de la fillette pendouille au bout de ses doigts : des bleuets. Les extrémités de ses doigts se sont transformées en bleuets qui pendouillent mollement !

Elle s'empresse de sortir de la cabine et elle lave ses mains toutes gluantes. Rosalie s'accroche encore à l'espoir que cette journée n'est pas réelle et qu'elle est dans son lit en train de faire le pire cauchemar de sa vie. L'eau ne semble pas suffisante pour débarrasser la fillette de la confiture.

Rosalie sursaute lorsqu'elle relève la tête. Un monstre se trouve dans la salle de bain et la fixe avec la bouche ouverte. Un monstre qui a les mêmes yeux qu'elle, mais dont le visage semble fondre à vue d'œil. Sa peau est rose et jaune. Les traits sont difficiles à identifier tellement ils sont inhumains. Mais… C'est son propre visage qu'elle voit dans le miroir ! Rosalie pousse un hoquet douloureux. Elle n'arrive pas à y croire… et pourtant c'est bien son reflet. Sa vision s'embrouille une fois de plus et elle a de la difficulté à voir plus loin que le bout de son… nez. Si on peut encore appeler ça un nez !

La porte de la cabine juste derrière elle s'ouvre alors avec un bruit de chasse d'eau. C'est Balkiss : la journaliste de l'école.

— Rosalie ?

— S'il te plaît, Balkiss, aide-moi ! Je ne sais pas ce qu'il se passe avec mon visage et mes mains... et... moi au complet ! S'il te plaît...

Ce que Balkiss fait par la suite, Rosalie n'aurait jamais pu s'y attendre : elle la prend en photo. La lumière du flash aveugle la pauvre petite fille rose et elle doit se retenir au lavabo pour ne pas tomber par terre.

— Pourquoi tu…

— Elle s'est vraiment dépassée ! Je n'en reviens pas…

Rosalie est bouche bée. Elle ne comprend pas que cette personne qu'elle considère comme son amie puisse réagir avec autant de légèreté alors qu'elle panique complètement et lui demande de l'aide. N'est-ce pas de la méchanceté pure que de voir un être vivant souffrir et de l'ignorer ainsi ? Balkiss a un petit rire impressionné et quitte de la salle de bain en regardant les clichés sur son énorme caméra. Rosalie ne sait pas comment réagir, mais elle a de plus gros problèmes : sa tête lui fait atrocement mal. Elle essaie de retirer son chapeau de fruits, mais c'est impossible. Elle a l'impression que la base du couvre-chef a fusionné avec la peau de son front. La jeune fille, malgré sa terreur, se force à se tourner de nouveau vers le miroir. Le monstre est encore là. Elle découvre avec horreur qu'elle a eu raison à propos de son couvre-chef. En fait, elle ne voit plus la différence entre les pelures de pommes du chapeau et ses mèches de cheveux qui sont devenues raides sous le jus de fruits qui dégouline du chapeau. Elle se rapproche de son reflet et porte une main tremblante vers son nez. Comment peut-il être tordu à ce point ? Au point de ressembler à une poire ratatinée. Rosalie essaie de reprendre ses esprits. Il faut qu'elle arrête de paniquer, sinon elle va finir en véritable compote de fruits !

Elle tente de réfléchir. L'infirmerie. Oui. Si quelqu'un peut l'aider, c'est sûrement l'infirmière de l'école ! Elle arrache un gros morceau de papier brun dont les élèves se servent pour essuyer leurs mains et se cache le visage avec celui-ci avant de se mettre en route.

Chapitre 6

Son parcours jusqu'au bureau de l'infirmière est difficile à cause de son masque de papier brun. La fillette fait son possible pour éviter les autres élèves et les professeurs de l'école. Si elle croit voir une ombre au détour d'un couloir, Rosalie se réfugie dans un casier ou derrière un bac de recyclage, ce qui ralentit fortement sa progression. Elle finit tout de même par arriver à destination alors que la cloche annonçant la fin de la période de dîner sonne. Elle s'apprête à cogner à la porte lorsque son poing entre dans son champ de vision et elle remarque qu'il est maintenant couvert de bleuets. Elle laisse échapper un gémissement de surprise et de désespoir. Mais qu'est-ce qui se passe avec elle ? Elle n'a jamais entendu parler d'une telle maladie ! Rosalie est franchement désespérée. Elle crie :

— S'il vous plaît... ouvrez !

La porte du bureau s'ouvre sous ses supplications et une femme très belle aux cheveux bouclés apparaît avec un stéthoscope argenté autour du cou. Madame Mwana est très appréciée par les élèves de l'école primaire et Rosalie se sent soulagée de la voir. Enfin, une adulte ! Tout le monde sait que les adultes ont solution à tout ! C'est ce que pense la fillette avec désespoir alors qu'elle tend ses mains difformes vers l'infirmière. Malheureusement pour Rosalie, Madame Mwana n'a pas la réaction qu'elle souhaite. En l'apercevant, l'adulte s'époumone d'un cri de surprise et recule d'un pas. Rosalie attrape un pan du sarrau de l'infirmière pour y essuyer ses larmes, mais elle ne fait que tacher le vêtement de gelée rose et de bouts de pelures de fruits. L'adulte

la repousse fermement et constate le dégât que l'enfant a fait. Il n'y a aucune trace de gentillesse ou de compassion sur le beau visage de l'infirmière qui a pourtant l'habitude d'être bienveillant.

— Franchement ! Ces enfants… qu'est-ce qu'ils peuvent inventer comme bêtises…

Elle retourne dans son bureau et en ferme la porte au nez de Rosalie. Surprise, cette dernière crie de nouveau. Elle n'est pas prête à abandonner l'espoir de trouver de l'aide chez l'infirmière.

Peut-être ne l'a-t-elle pas reconnue ? L'infirmière réapparaît en se tenant les hanches, agacée.

— Quoi encore ?

— S'il vous plaît… aidez-moi…

— Oh ! C'est terrible !

Le visage de Madame Mwana passe de la colère à l'horreur, ce qui laisse croire à Rosalie que l'infirmière l'a enfin identifiée comme une enfant dont elle doit prendre soin et non comme une mauvaise farceuse. L'adulte regarde de chaque côté du couloir, elle semble chercher quelque chose ou quelqu'un.

— Qui est le responsable de cette chose ?!

Rosalie ne comprend pas. Elle tend la main et agrippe encore le vêtement de l'infirmière. Cette dernière réagit vivement, comme si l'enfant n'avait été qu'un insecte dégoûtant.

— Ne me touche pas !

— Pourquoi ? Pourquoi vous ne m'aidez pas ?

— Lâche-moi ! Petit monstre répugnant !

Les paroles de l'adulte ont l'effet d'un coup de foudre sur la jeune fille qui s'immobilise. Cela laisse le temps à l'infirmière de la pousser brusquement loin d'elle et de refermer la porte. Rosalie entend le son du verrou. Elle a besoin d'aide, pourquoi est-ce qu'on ne l'aide pas ? D'abord Balkiss et maintenant Madame Mwana… L'enfant se sent soudainement terriblement seule.

— Mais… pourquoi…

Un nouveau haut-le-cœur. Rosalie cherche désespérément une poubelle dans le couloir et y vomit une espèce de mélasse fruitée. Des morceaux de raisin vert. Elle a vomi des morceaux de raisin vert ! Étrange... il n'y en avait pas dans son repas, pourtant ! Rosalie s'agrippe au rebord de la poubelle pour se relever, mais quelque chose d'autre semble vouloir sortir de sa bouche. Elle replonge la tête dans le sac d'ordures et crache trois petites roches pointues et blanches : ses dents !

— Mais qu'est-ce qui m'arrive ?!

L'enfant-fruits se met à pleurer alors que les dents qu'il lui reste deviennent molles et qu'elle ne peut plus faire la différence entre ces dernières et ses gencives. Elle tente de porter ses mains à sa bouche, mais elle n'arrive plus à bouger ses bras. Elle aurait vraiment eu besoin de l'infirmière en ce moment. Désorientée, elle essaie de se rappeler où se trouve son bureau. Sa vision est de moins en moins bonne et il y a quelque chose de gluant et de plus épais que des larmes qui embrouille le décor autour d'elle. Elle entend du bruit venant du bout du couloir.

C'est le gymnase. Elle se rappelle dans un éclair de lucidité que c'est le jour de la foire scientifique. Peut-être que là-bas, il y aura quelqu'un pour l'aider? Anisha sera sûrement là-bas pour y présenter son mystérieux projet et si quelqu'un peut l'aider, c'est assurément sa grande sœur. Rosalie se met en route.

Chapitre 7

Rosalie réussit à se traîner tant bien que mal vers les portes jumelles qui donnent sur le gymnase de l'école. Elle laisse derrière elle un filet de gelée rose. Son état est lamentable et se détériore à chaque minute. En plus de ne plus pouvoir bouger les bras, d'avoir la vision embrouillée et de ne pas sentir ses dents, il lui est maintenant impossible de crier. On dirait que ses lèvres sont collées ensemble. Elle voudrait crier et pleurer, mais elle ne peut tout simplement pas. Malgré tout, elle n'a plus mal nulle part. Mis à part à la tête. Elle a eu la migraine tout l'après-midi. L'absence de sensations et l'absurdité de la situation l'encouragent à croire qu'il s'agit bel et bien d'un cauchemar. Perdre ses dents, avoir les lèvres collées et des bleuets sur les mains… dans la vraie vie, ça fait mal… n'est-ce pas ? Donc logiquement, elle n'est pas dans la réalité, mais dans un rêve !

Du moins, c'est le faible espoir qu'elle continue d'entretenir alors qu'elle pénètre dans le gymnase. Elle aurait tout donné pour se réveiller dans son lit et raconter son rêve à Anisha. Mais sa sœur n'est pas avec elle. Elle est sur la scène. La grande scène qui a été installée au fond du gymnase

spécialement pour la foire scientifique.

Le gymnase a été décoré pour l'occasion. Des banderoles bleu et doré ornent les murs et des rangées de kiosques remplissent la salle. Chaque kiosque appartient à un élève qui présente son projet. Les projets sont plus impressionnants les uns que les autres. Mathis a réussi à concevoir des patins à roues alignées qui roulent aussi bien sur du gazon que sur de la boue. Rubis a fabriqué une machine à crème glacée hyperperformante qui peut produire cinq cornets tout garnis en moins de trente secondes. Il y a même une élève qui a construit un réacteur dorsal fonctionnel ! Des enfants font la file pour l'essayer. La majorité des personnes présentes, élèves et personnel de l'école confondus, se trouvent cependant devant la scène où Anisha se tient. Après tout, la présentation scientifique de la gagnante des trois dernières années est un évènement très attendu lors de la foire scientifique.

C'est donc dans cette direction que Rosalie se traîne les pieds.

Les têtes se tournent sur le passage de Rosalie alors qu'elle traverse tant bien que mal le public d'Anisha. Le silence tombe dans l'assemblée. La jeune fille n'ose même pas demander de l'aide aux professeurs qui l'observent avec curiosité. Elle a compris que ça ne sert à rien de poser des questions. Son seul espoir est sa sœur aînée. Rosalie atteint la scène et monte les escaliers aussi lentement que misérablement. Ses jambes sont devenues molles et gélatineuses. Elle peine à se tenir debout dans son état, alors chaque marche est un défi en soi. C'est un exploit qu'elle atteigne la dernière sans débouler les autres. En ce qui concerne ses sentiments, elle ne ressent plus grand-chose. La peur a été remplacée par un calme complet. Lorsque ses pieds sont tous les deux sur scène, même son mal de tête a disparu. Elle ne sent rien. Tout simplement. Anisha l'invite à la rejoindre près du micro.

— Et voilà la vedette de la journée ! Rosalie !

Le public se met à applaudir. Rosalie leur aurait bien souri, mais on ne peut plus vraiment faire la différence entre sa bouche et le reste de son visage.

— Comme je vous expliquais, je voulais que mon expérience scientifique soit plus éthique que les années précédentes. J'ai donc décidé de prendre un sujet dénué d'âme…

Le projet précédent d'Anisha consistait à apprendre à des hamsters à conduire de petites voitures électriques. Mais cette fois... Rosalie se rend tranquillement compte que c'est elle le projet ultrasecret d'Anisha. Elle. La malheureuse cobaye lève vers la scientifique des yeux larmoyants. Malgré ses lèvres collées, Rosalie tente de parler à la fillette qu'elle croyait être sa sœur.

— M... m... ?

— Chut ! Garde tes forces ! Ma présentation n'est pas terminée.

Anisha lui fait un clin d'œil puis retourne au micro. La foule applaudit et pousse des acclamations attendries.

— Je voudrais remercier toute l'école d'avoir joué le jeu aujourd'hui ! J'avais planifié au moins une délation dans mon équation, mais je me suis trompée ! Personne n'a vendu la mèche ! C'est vraiment formidable, et je suis émue de pouvoir vous faire confiance à ce point... Vraiment, nous avons la meilleure école au monde ! Je suis choyée d'étudier ici et...

Pendant qu'Anisha continue son discours, l'état de Rosalie se dégrade rapidement. Elle ne peut plus tenir debout. Ses genoux sont maintenant des pêches rondes et ses coudes sont des pommes vertes. L'ensemble de son corps se transforme peu à peu en une bouillie de différents petits fruits.

— ... mes papas ne savaient pas que j'avais Rosalie chez moi ! Vous, vous savez toutefois que Rosalie n'a jamais été une vraie enfant. J'ai modifié les molécules d'une salade de fruits pour créer la vie ! Laissez-moi vous expliquer comment.

Rosalie voit la foule applaudir et les lèvres d'Anisha bouger, mais elle n'entend plus rien. Elle ne le sait pas, mais à la place de ses oreilles, il y a maintenant deux grosses fraises juteuses. Elle s'endort tranquillement.

— Ma formule a ses limites et comme vous pouvez le constater, Rosalie commence à perdre sa forme. Il s'agit d'un prototype, mais je suis bien contente. Et quelle n'a pas été ma surprise lorsqu'elle a décidé de créer un chapeau de fruits pour l'exposition d'aujourd'hui ! C'est un hasard très rigolo ! Comme quoi elle ne pouvait échapper à ses instincts ! Assistons maintenant au retour à l'origine.

Anisha approche un grand miroir qu'elle place derrière Rosalie.

— Ainsi, vous allez pouvoir voir le processus sous tous les angles.

La foule applaudit à nouveau. Rosalie voit ce qu'elle est devenue. Son corps n'est plus qu'un amas de gelée rose parsemée de fruits divers. Tout ce qui reste de son corps est un œil horrifié qui lui permet d'observer son reflet. C'est la dernière chose qu'elle voit avant de perdre conscience pour de bon.

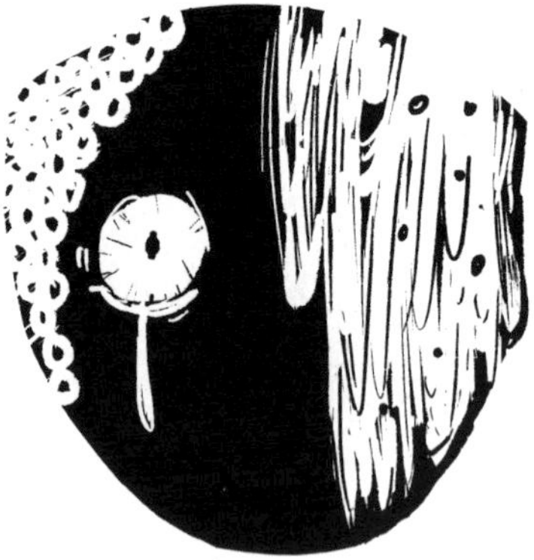

Par la suite, la salade de fruits fut distribuée à l'auditoire. On s'arracha les bols, dans l'espoir d'ingérer un peu du génie d'Anisha, l'enfant prodige. Comme chaque année, Anisha remporta le premier prix de la foire scientifique.

FIN

AMÉLIE STARDUST

Quand elle était petite, on a demandé à Amélie ce qu'elle aimerait être lorsqu'elle serait grande. Elle a répondu qu'elle aimerait bien être un dinosaure ! En attendant de pouvoir réaliser cette ambition, Amélie est sexologue, autrice, illustratrice, et entame plein d'autres projets créatifs aussi variés que foufous.

Facebook : AmélieStardust
Instagram : AmélieStardust